Asteroides y meteoritos

Grace Hansen

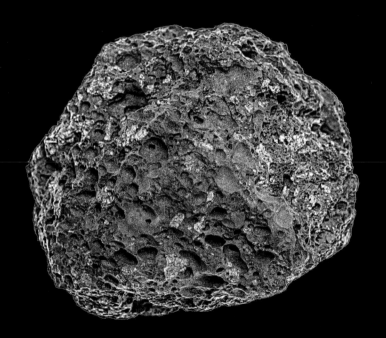

NUESTRA GALAXIA

abdopublishing.com

Published by Abdo Kids, a division of ABDO, P.O. Box 398166, Minneapolis, Minnesota 55439.

Copyright © 2018 by Abdo Consulting Group, Inc. International copyrights reserved in all countries.
No part of this book may be reproduced in any form without written permission from the publisher.

Printed in the United States of America, North Mankato, Minnesota.

102017

012018

Spanish Translator: Maria Puchol

Photo Credits: iStock, NASA, Science Source, Shutterstock, ©Samuel Hansen p.19 / CC-BY-SA 2.0

Production Contributors: Teddy Borth, Jennie Forsberg, Grace Hansen

Design Contributors: Dorothy Toth, Laura Mitchell

Publisher's Cataloging in Publication Data

Names: Hansen, Grace, author.

Title: Asteroides y meteoritos / by Grace Hansen.

Other titles: Asteroids & meteoroids. Spanish

Description: Minneapolis, Minnesota : Abdo Kids, 2018. | Series: Nuestra galaxia |
    Includes online resources and index.

Identifiers: LCCN 2017946228 | ISBN 9781532106620 (lib.bdg.) | ISBN 9781532107726 (ebook)

Subjects: LCSH: Asteroids--Juvenile literature. | Meteoroids--Juvenile literature. |
    Solar System--Juvenile literature. | Spanish language materials--Juvenile literature.

Classification: DDC 523.44--dc23

LC record available at https://lccn.loc.gov/2017946228

Contenido

¿Cómo se formaron los asteroides?

El **sistema solar** se formó hace 4,600 millones de años. Durante millones de años la **gravedad** unió polvo y gas. Así se creó el Sol.

4

5

Asteroides

Polvo y gas **orbitó** desde entonces alrededor del Sol. Chocaron entre sí y formaron masas de rocas y metal. Estas masas chocaban entre ellas y se rompían en pedazos más pequeños. Estos pedazos son lo que llamamos asteroides.

La mayoría de los asteroides del **sistema solar orbitan** en el cinturón de asteroides. Este cinturón está entre Marte y Júpiter.

la Luna

Marte

la Tierra

cinturón de asteroides

Júpiter

9

Otros grupos de asteroides se acumulan fuera del cinturón. La mayoría de los asteroides troyanos se encuentra en la **órbita** de Júpiter. Los asteroides del grupo de Hilda forman tres grandes grupos, creando un triángulo imaginario.

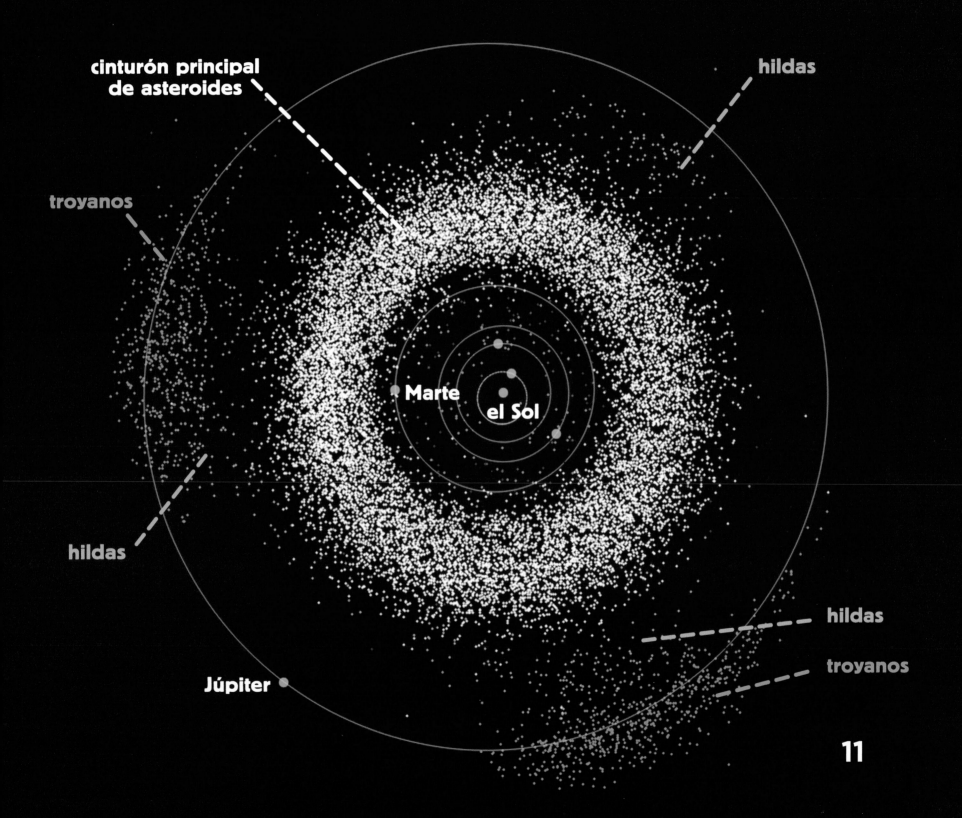

cinturón principal
de asteroides

hildas

troyanos

hildas

Marte

el Sol

hildas

troyanos

Júpiter

11

Meteoroides

En el cinturón de asteroides
también se encuentran
meteoroides. Éstos son
pequeñas partes de asteroides.
A menudo son del tamaño
de un puño.

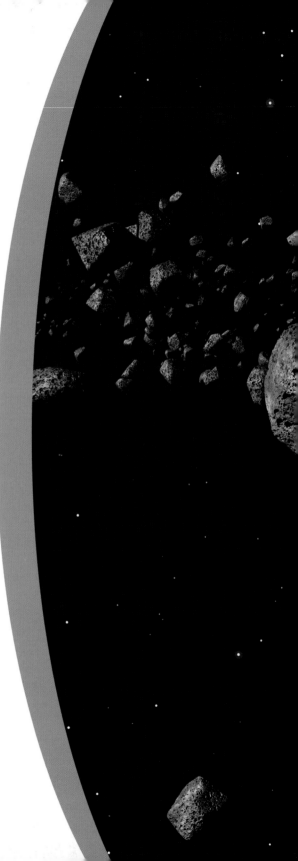

13

Meteoros y meteoritos

La **gravedad** de la Tierra puede atraer los meteoroides cercanos. Un meteoroide puede atravesar la **atmósfera** de la Tierra.

El meteoroide se mueve rápido y eso causa **fricción**. Esa fricción provoca calor y este calor, a su vez, luz. Ese trazo de luz se llama meteoro.

La mayoría de los meteoroides se desintegran, pero si llegan a la Tierra, entonces se les conoce como meteoritos.

The Holsinger Meteorite is the largest discovered fragment of the 150-foot (45-meter) meteor that created Meteor Crater.

19

Grandes asteroides han colisionado con la Tierra también. Esto ha causado mucho daño.

21

Más datos

- Muchos científicos aceptan la teoría de que un asteroide cayó a la Tierra hace 65 millones de años. Podría haber sido lo que provocó la extinción de los dinosaurios.

- Hay miles de millones de asteroides y meteoroides en el **sistema solar**.

- Hace mucho tiempo la Luna recibió muchos impactos de asteroides. De ahí que esté llena de cráteres.

Glosario

atmósfera – capa gaseosa que rodea la Tierra.

fricción – resistencia que perciben dos cuerpos que se rozan.

gravedad – fuerza por la que todos los objetos del universo se atraen unos o otros.

órbita – trayectoria curva de un planeta, luna u otro objeto espacial, que hace alrededor de otro cuerpo celeste más grande.

sistema solar – grupo de planetas y otros cuerpos celestes, agrupados en torno al Sol por su gravedad y por ello orbitan alrededor de él.

Índice

Abdo Kids
ONLINE
FREE! ONLINE MULTIMEDIA RESOURCES

¡Visita nuestra página abdokids.com y usa este código para tener acceso a juegos, manualidades, videos y mucho más!

Código Abdo Kids:
OAK0499